Heimat
ist kein Ort
sondern ein
Gefühl

arsEdition

WISSENSWERT

REZEPTE

DO IT YOURSELF

TRADITION

MAGISCHE ORTE

ZU HAUSE

INHALT

O, WELCHE ZAUBER LIEGEN IN
DIESEM KLEINEN WORT:
Daheim.
Emanuel Geibel

Wenn man das Wort »Heimat« hört, beginnt direkt ein kleiner Film im Kopf. Bilder von wilden Wiesen und breiten Flüssen, von den höchsten Bergen oder einem Deich bei Flut, von einer alten Kastanie im Hinterhof oder einer gemütlichen Hütte am Waldrand. Wenn du die Augen schließt, kannst du vielleicht den warmen Streuselkuchen deiner Großmutter riechen oder hörst das Lachen deiner Geschwister.

Heimat ist ein ganzes Bündel an Dingen und bedeutet für jeden Menschen etwas anderes. Heimat gehört niemandem und sie gehört jedem von uns. Vor allem aber ist Heimat eines: Zuhause. Ein Plätzchen in der Welt, an dem man ganz man selbst sein kann. Ein bisschen Geborgenheit in einer unruhigen Welt. Dieses Buch soll für dich genau das sein – ein Gefühl von Geborgenheit, eine Pause von der Welt draußen und vielleicht auch ein kleines bisschen Nostalgie.

VIEL FREUDE

beim Schmökern!

Heimat.

Das ist ein großes Wort, das sich kaum in andere Sprachen übersetzen lässt, und doch ein Gefühl, das auf der ganzen Welt bekannt ist. Einige Naturvölker glauben, dass unsere wachsenden Knochen und Muskeln einen Abdruck der Energiefelder aufnehmen, die uns an unserem Geburtsort umgeben. Wir sind lebenslang mit dem Ort verbunden, an dem wir aufgewachsen sind. Deshalb ist es für unsere Seelen wichtig, in Harmonie mit ihm zu leben. Und genau um diese Harmonie geht es bei unserer heutigen Vorstellung von Heimat. Heimat ist nichts, was ausgrenzt, sondern etwas, was uns Geborgenheit schenken soll. Ein Ort, der umgeben ist von Erinnerungen und Wärme. Jeder Mensch entscheidet selbst, wo oder was seine Heimat ist.

Und im Zweifelsfall ist sie immer dort, wo der Duft von heißen Waffeln mit Zucker und Zimt aus der Küche weht.

Nicht dort,
wo du die Bäume kennst,
sondern da,
wo die Bäume
dich kennen,
ist deine

HEIMAT.

SPRICHWORT AUS RUSSLAND

Seien wir ehrlich –
riecht Heimat nicht ein bisschen nach warmem Kuchen?
Vielleicht hast du GLÜCK und es ist gerade Rhabarberzeit. Dann solltest du unbedingt diesen Kuchen backen!

KÖSTLICHER

Rhabarber-Streuselkuchen

FÜR DEN TEIG:

150 g Mehl
50 g Speisestärke
2 TL Backpulver
100 g Zucker
1 Pck. Vanillezucker
1 Prise Salz
100 g weiche Butter oder Margarine
2 Eier
2 EL Milch
4 Tropfen Butter-Vanille-Aroma

FÜR DIE STREUSEL:

100 g Mehl
75 g Zucker
75 g weiche Butter oder Margarine
1 Pck. Vanillezucker

SONSTIGES:

1 kg Rhabarber
2 EL Speisestärke

Heize den Ofen auf 180 °C vor und fette eine Springform ein. Wasche und schäle den Rhabarber und schneide ihn in etwa 2 cm große Stückchen. Lege diese für fünf bis zehn Minuten in kaltes Wasser. Verrühre alle Zutaten für den Teig und gib ihn anschließend in die Springform. Trockne anschließend den Rhabarber und verteile ihn zusammen mit der Speisestärke auf dem Teig.
Verknete die Zutaten für die Streusel und verteile sie auf dem Teig. Backe den Kuchen für 50–60 Minuten und teste dann mithilfe eines Holzstäbchens, ob er fertig gebacken ist. Lass den Kuchen abkühlen, löse ihn aus der Form und serviere ihn mit Puderzucker bestäubt.

Das wunderbarste
Märchen ist das
Leben selbst.
Hans Christian Andersen

Märchen

Das Märchenerzählen gehört in Deutschland zum immateriellen Kulturgut. Die Sammlung der Gebrüder Grimm ist unsere bekannteste Märchensammlung und fast jedes kleine Kind ist mit Dornröschen, Aschenputtel und Rumpelstilzchen groß geworden. Sogar eine Märchenstraße gibt es in Deutschland, die von Hanau bis nach Bremen führt, vorbei an allen Lebensstationen der Gebrüder Grimm sowie an Orten und Landschaften, in denen die Märchen beheimatet sind.

Doch wann hast du zuletzt eines dieser bezaubernden Märchen gelesen? Bestimmt ist es schon eine Weile her. Also mach es dir gemütlich bei einer Tasse Tee und vertiefe dich in eines unserer schönsten Märchen ...

Der Froschkönig

In den alten Zeiten, wo das Wünschen noch geholfen hat, lebte ein König, dessen Töchter waren alle schön, aber die Jüngste war so schön, dass die Sonne selber, die doch so vieles gesehen hat, sich verwunderte, sooft sie ihr ins Gesicht schien. Nahe bei dem Schloss des Königs lag ein großer dunkler Wald, und in dem Walde unter einer alten Linde war ein Brunnen: Wenn nun der Tag recht heiß war, so ging das Königskind hinaus in den Wald und setzte sich an den Rand des kühlen Brunnens: Und wenn sie Langeweile hatte, so nahm sie eine goldene Kugel, warf sie in die Höhe und fing sie wieder; und das war ihr liebstes Spielwerk.

Nun trug es sich einmal zu, dass die goldene Kugel der Königstochter nicht in ihr Händchen fiel, das sie in die Höhe gehalten hatte, sondern vorbei auf die Erde schlug und geradezu ins Wasser hinein rollte. Die Königstochter folgte ihr mit den Augen nach, aber die Kugel verschwand, und der Brunnen war tief, so tief, dass man keinen Grund sah. Da fing sie an zu weinen und weinte immer lauter und konnte sich gar nicht trösten. Und wie sie so klagte, rief ihr jemand zu: »Was hast du vor, Königstochter, du schreist ja, dass sich ein Stein erbarmen möchte.« Sie sah sich um, woher die Stimme käme, da erblickte sie einen Frosch, der seinen dicken hässlichen Kopf aus dem Wasser streckte. »Ach, du bist's, alter Wasserpatscher«, sagte sie, »ich weine über meine goldene Kugel, die mir in den Brunnen hinabgefallen ist.«

»Sei still und weine nicht«, antwortete der Frosch, »ich kann wohl Rat schaffen, aber was gibst du mir, wenn ich dein Spielwerk wieder heraufhole?« »Was du haben willst, lieber Frosch«, sagte sie, »meine Kleider, meine Perlen und Edelsteine, auch noch die goldene Krone, die ich trage.«

Der Frosch antwortete, »Deine Kleider, deine Perlen und Edelsteine und deine goldene Krone, die mag ich nicht: Aber wenn du mich lieb haben willst, und ich soll dein Geselle und Spielkamerad sein, an deinem Tischlein neben dir sitzen, von deinem goldenen Tellerlein essen, aus deinem Becherlein trinken, in deinem Bettlein schlafen: wenn du mir das versprichst, so will ich hinuntersteigen und dir die goldene Kugel wieder heraufholen.«

Ach ja«, sagte sie, »ich verspreche ir alles, was du willst, wenn du mir ur die Kugel wieder bringst.« ie dachte aber: »Was der einfältige Frosch schwätzt, der sitzt im Wasser bei seinesgleichen und quakt und kann keines Menschen Geselle sein.«

Der Frosch, als er die Zusage erhalten hatte, tauchte seinen Kopf unter, sank hinab und über ein Weilchen kam er wieder heraufgerudert, hatte die Kugel im Maul und warf sie ins Gras. Die Königstochter war voll Freude, als sie ihr schönes Spielwerk wieder erblickte, hob es auf und sprang damit fort. »Warte, warte«, rief der Frosch, »nimm mich mit, ich kann nicht so laufen wie du.« Aber was half ihm, dass er ihr sein Quak, Quak so laut nachschrie, als er konnte! Sie hörte nicht darauf, eilte nach Haus und hatte bald den armen Frosch vergessen, der wieder in seinen Brunnen hinabsteigen musste.

Am andern Tage, als sie mit dem König und allen Hofleuten sich zur Tafel gesetzt hatte und von ihrem goldenen Tellerlein aß, da kam, plitsch platsch, plitsch platsch, etwas die Marmortreppe heraufgekrochen, und als es oben angelangt war, klopfte es an der Tür und rief: »Königstochter, jüngste, mach mir auf.« Sie lief und wollte sehen, wer draußen wäre, als sie aber aufmachte, so saß der Frosch davor. Da warf sie die Tür hastig zu, setzte sich wieder an den Tisch und war ihr ganz angst. Der König sah wohl, dass ihr das Herz gewaltig klopfte, und sprach: »Mein Kind, was fürchtest du dich, steht etwa ein Riese vor der Tür und will dich holen?« »Ach nein«, antwortete sie, »es ist kein Riese, sondern ein garstiger Frosch.« »Was will der Frosch von dir?« »Ach lieber Vater, als ich gestern im Wald bei dem Brunnen saß und spielte, da fiel meine goldene Kugel ins Wasser. Und weil ich so weinte, hat sie der Frosch wieder heraufgeholt, und weil er es durchaus verlangte, so versprach ich ihm, er sollte mein Geselle werden, ich dachte aber nimmermehr, dass er aus seinem Wasser heraus könnte. Nun ist er draußen und will zu mir herein.«

Indem klopfte es zum zweiten Mal und rief:

»Königstochter, jüngste,
mach mir auf,
weißt du nicht, was gestern
du zu mir gesagt
bei dem kühlen Brunnenwasser?
Königstochter, jüngste,
mach mir auf.«

Da sagte der König: »Was du versprochen hast, das musst du auch halten; geh nur und mach ihm auf.« Sie ging und öffnete die Türe, da hüpfte der Frosch herein, ihr immer auf dem Fuße nach, bis zu ihrem Stuhl. Da saß er und rief: »Heb mich herauf zu dir.« Sie zauderte, bis es endlich der König befahl. Als der Frosch erst auf dem Stuhl war, wollte er auf den Tisch, und als er da saß, sprach er: »Nun schieb mir dein goldenes Tellerlein näher, damit wir zusammen essen.« Das tat sie zwar, aber man sah wohl, dass sie's nicht gerne tat. Der Frosch ließ sich's gut schmecken, aber ihr blieb fast jedes Bisslein im Halse stecken. Endlich sprach er: »Ich habe mich satt gegessen und bin müde, nun trag mich in dein Kämmerlein und mach dein seiden Bettlein zurecht, da wollen wir uns schlafen legen.« Die Königstochter fing an zu weinen und fürchtete sich vor dem kalten Frosch, den sie nicht anzurühren getraute und der nun in ihrem schönen reinen Bettlein schlafen sollte. Der König aber ward zornig und sprach: »Wer dir geholfen hat, als du in der Not warst, den sollst du hernach nicht verachten.« Da packte sie ihn mit zwei Fingern, trug ihn hinauf und setzte ihn in eine Ecke. Als sie aber im Bett lag, kam er gekrochen und sprach: »Ich bin müde, ich will schlafen so gut wie du: Heb mich herauf oder ich sag's deinem Vater.« Da ward sie erst bitterböse, holte ihn herauf und warf ihn aus allen Kräften wider die Wand: »Nun wirst du Ruhe haben, du garstiger Frosch.«

Als er aber herabfiel, war er kein Frosch, sondern ein Königssohn mit schönen und freundlichen Augen. Der war nun nach ihres Vaters Willen ihr lieber Geselle und Gemahl. Da erzählte er ihr, er wäre von einer bösen Hexe verwünscht worden, und niemand hätte ihn aus dem Brunnen erlösen können als sie allein, und morgen wollten sie zusammen in sein Reich gehen. Dann schliefen sie ein, und am andern Morgen, als die Sonne sie aufweckte, kam ein Wagen herangefahren mit acht weißen Pferden bespannt, die hatten weiße Straußfedern auf dem Kopf und gingen in goldenen Ketten, und hinten stand der Diener des jungen Königs, das war der treue Heinrich. Der treue Heinrich hatte sich so betrübt, als sein Herr war in einen Frosch verwandelt worden, dass er drei eiserne Bande hatte um sein Herz legen lassen, damit es ihm nicht vor Weh und Traurigkeit zerspränge. Der Wagen aber sollte den jungen König in sein Reich abholen; der treue Heinrich

b beide hinein, stellte sich wieder
nten auf und war voller Freude
ber die Erlösung. Und als sie ein
tück Wegs gefahren waren, hörte
er Königssohn, dass es hinter ihm
rachte, als wäre etwas zerbrochen.
Da drehte er sich um und rief:

»Heinrich, der Wagen bricht.«
»Nein, Herr, der Wagen nicht,
es ist ein Band von meinem Herzen,
das da lag in großen Schmerzen,
als ihr in dem Brunnen saßt,
als ihr ein Frosch wart.«

Noch einmal und noch einmal krachte es auf dem Weg, und der Königssohn meinte immer, der Wagen bräche, und es waren doch nur die Bande, die vom Herzen des treuen Heinrich absprangen, weil sein Herr erlöst und glücklich war.

Gemütlichkeit

Die Dänen lieben ihr Hygge, die Kanadier nennen es Homeyness und bei unseren niederländischen Nachbarn wird von Gezelligheid geschwärmt. Hierzulande ist dieses Gefühl unter einem anderen Namen bekannt: Gemütlichkeit.

Diese findet man jedoch nicht nur im Biergarten, sondern vor allem im eigenen Zuhause. Es soll für dich ein Wohlfühlort sein, an den du dich zurückziehen kannst, wenn dir die Welt draußen zu groß und kalt erscheint. Hier kannst du dich erholen und ganz du selbst sein. Um dein kleines Nest noch gemütlicher zu machen, probiere doch mal Folgendes aus:

Stelle eine Vase mit frischen Blumen auf deinen Küchentisch.

Verteile überall weiche Kissen und kuschelige Decken.

Zünde Kerzen an.

Sammle schöne Deko aus der Natur, zum Beispiel Tannenzapfen oder Muscheln.

Streiche deine Wände in beruhigenden Farben – wie wäre es mit tannengrün oder nordisch-grau?

Hänge Lichterketten auf deinem Balkon oder der Terrasse auf.

Drucke schöne Fotos von Freunden und Familie aus und hänge sie in hübschen Rahmen an deine Wände.

Lichterketten-Laterne

Mach dein Zuhause ganz besonders gemütlich mit einer selbst gebastelten Lichterlaterne.

DU BENÖTIGST:

1 großes Weckglas
1–2 LED-Lichterketten mit Akku
etwas Band, um den Akku zu verdecken
Klebeband

Lege den Akku der Lichterkette auf den Boden des Glases und bedecke ihn mit etwas Stoff, zum Beispiel einem Band aus Leinen. Am besten zeigt der Schalter nach oben, damit du ihn einfach bedienen kannst. Verteile die Lichterkette im Glas, bis sie alles schön ausfüllt. Möglicherweise benötigst du mehrere Lichterketten, je nach Größe des Glases. Den oberen Teil der Lichterkette kannst du jetzt am Deckel befestigen und ihn anschließend zuschrauben. Wenn dein Akku klein und leicht ist, kannst du ihn auch auf die Innenseite des Deckels kleben. Das Glas selbst kannst du nach Belieben verzieren – zum Beispiel mit einem schönen Band. Wenn du fertig bist, mach es dir gemütlich und genieße die behagliche Atmosphäre im Raum.

Im Sommer ist die Lichterkette eine wunderschöne Deko für deinen Balkon oder die Terrasse.

LICHTERLATERNE

Antlitz

Himmelszelt

Kinkerlitzchen

Kaiserwetter

FIRLEFANZ

WUNDERSCHÖN

DI

viel zu

VERWENDEN

Mauerblümchen

SCHWERMUT

Luftiku

Traumtänzer

LICHTSPIELHAUS

Frühlingserwachen

LTE WÖRTER,

IR

selten

HABSELIGKEITEN

Dreikäsehoch

Pfennigfuchser

SCHABERNACK

Drahtesel

Brot

Wenn die Deutschen auf Reisen gehen, dann vermissen sie oft eine Sache ganz besonders von daheim: Brot. Brot ist fester Bestandteil unserer Kultur. 2014 wurde die deutsche Brotkultur sogar in die Liste des immateriellen Kulturerbes aufgenommen. Nirgendwo sonst in der Welt gibt es eine solche Vielfalt. Über 3000 unterschiedliche Brotarten werden täglich in Deutschland gebacken.
Brot steht auch für Geselligkeit – in allen Ecken Deutschlands wird es gemeinsam gegessen. Egal ob bei der Vesper, Jause oder Weck, Worscht un Woi – überall im Land macht man es sich mit Freunden oder der Familie für ein Weilchen gemütlich und genießt sein Brot. Hast du schon mal dein eigenes Brot gebacken? Ein selbst gebackener Laib Brot hat einen ganz besonderen Zauber. Probiere es doch mal aus ...

RUSTIKALES

Roggen-Dinkel-Brot

ZUTATEN

(für 2 Laibe mit je 500 g):

200 g Roggenmehl
800 g Dinkelmehl
1 Pck. Trockenhefe
4 TL Salz
680 ml kaltes Wasser

NACH BELIEBEN:

Leinsamen,
Sonnenblumenkerne ...

Vermische zunächst die trockenen Zutaten und gib das Wasser dazu. Knete anschließend alles für ein paar Minuten mit den Händen oder einem Mixer. Nach Belieben kannst du noch verschiedene Samen und Gewürze zugeben. Lege den Teig in eine Schüssel, decke diese ab und stelle sie für etwa zwölf Stunden in den Kühlschrank. Knete den Teig nach dieser Gehzeit noch einmal durch. Heize den Backofen auf 225 °C vor, wähle bei Umluft eine etwas niedrigere Temperatur. Forme zwei Laibe und backe sie je zehn Minuten. Reduziere anschließend die Temperatur auf 180 °C und backe das Brot noch mal für 35 Minuten weiter. Wenn die Zeit vorbei ist, klopfe auf die Unterseite der Brote. Hören sie sich hohl an, sind sie fertig und du kannst dich an ihnen erfreuen.

DORT, WO WIR LIEBEN,
IST UNSER ZUHAUSE.
UNSERE FÜSSE KÖNNEN
ES VERLASSEN,
ABER NICHT UNSERE
Herzen.
Oliver Wendell Holmes

Eine tolle Idee ist es auch, aus alten Büchern Seiten zu entnehmen und damit eine Wimpelkette zu basteln.

WIMPELKETTE

Wimpel heitern einfach jedes Zuhause auf und sind die perfekte Deko für den Garten oder Balkon. Sie sind ganz einfach selbst zu machen.

DU BRAUCHST:

- buntes Bastelpapier
- Bleistift
- Schere
- Lineal
- Kleber
- eine schöne Schnur

Überlege dir zunächst die Größe deiner Wimpel. Du kannst dich zum Beispiel für 10 cm breite und 12 cm lange Wimpel entscheiden. Im nächsten Schritt fertigst du dann eine Schablone für sie an.

Nimm dafür ein Lineal zur Hand und zeichne mit einem Bleistift auf dem Papier erst eine 10 Zentimeter lange Linie möglichst mittig auf. Auf dieser Linie gehst du dann zur Mitte, also etwa zu fünf Zentimetern. Von hier aus misst du jeweils 12 Zentimeter nach unten und oben ab. An diesen Punkten markierst du die Spitzen des Wimpels und zeichnest anschließend eine Linie zu den beiden Endpunkten deiner mittleren Linie. Jetzt sind die Spitzen des Wimpels mit der Mitte verbunden und zwei identische, gegenüberliegende Dreiecke entstanden. Jetzt kannst du deine Schablone, die gleichzeitig als erster Wimpel dienen kann, ausschneiden. Male nun so viele Wimpel auf, wie du für deine Kette benutzen möchtest. Schneide sie alle aus und falte sie an der Mittellinie. Wenn du alle Wimpel gefaltet hast, überlege dir eine Reihenfolge. Trage auf der Innenseite der Wimpel an den Kanten den Klebstoff auf, inklusive der Faltlinie. Dort kannst du anschließend deine Schnur platzieren. Falte jetzt den Wimpel mittig und pass auf, dass die Spitzen genau aufeinanderliegen. Streiche die Kanten glatt und drücke die Schnur fest. Achte auf identische Abstände bei deinen Wimpeln. Und schon ist deine eigene Wimpelkette fertig!

Wildkräuter sammeln

Das Sammeln von Wildkräutern hat eine lange Tradition. Im 12. Jahrhundert verfasste Hildegard von Bingen ein Werk über die Natur, in der sie auch verschiedene einheimische Pflanzen benennt, die als Heilkräuter geeignet sind. Einheimische Pflanzen für sich zu nutzen, war zur damaligen Zeit nicht üblich. Und auch heute kaufen wir gerne unsere Kräuter im Supermarkt in kleinen Plastikbehältern. Dabei finden sich in unseren Gärten, im Wald und am Wegesrand viele Kräuter, die wir nutzen können. Hirtentäschel, Glücksklee oder Spitzwegerich sind perfekt für Salate.

Kräuter sind nicht nur köstlich, sie können auch als Heilmittel eingesetzt werden. Heilkräuter wie Johanniskraut, Kamille und Schafgarbe gibt es an vielen Orten zu finden. Sie können aber auch im eigenen Garten angebaut werden.

Die Welt der Kräuter ist groß, und es lohnt sich, sie für sich zu entdecken. Auch Kräuterwanderungen werden mittlerweile an vielen Orten angeboten.

FRÜHLINGSZEIT IST BÄRLAUCHZEIT.

Vielleicht bist du auf den Geschmack gekommen und hast im Wald Bärlauch gesammelt. Falls nicht – keine Sorge! Auch auf den Wochenmärkten gibt es frischen Bärlauch zu kaufen. Und aus diesem kannst du dann köstliches Bärlauchpesto zaubern.

FRISCHES

Bärlauchpesto

ZUTATEN:

500 g Bärlauch
75 g Pinienkerne
100 g Parmesan
250 ml Olivenöl
weißer Pfeffer aus der Mühle
Meersalz

Den Bärlauch waschen, trocknen und klein schneiden. Anschließend die Pinienkerne, ohne Öl, in einer Pfanne leicht anrösten. Den Bärlauch mit den Pinienkernen mischen und den frischen Parmesan darüberreiben. Mit einem Pürierstab das Bärlauchgemisch mit dem Olivenöl auf niedrigster Stufe vermengen. Das fertige Pesto zu guter Letzt mit Pfeffer und Meersalz würzen und abschmecken.

Du kannst das Bärlauchpesto auch in Gläser abfüllen und auf Vorrat lagern. Die Oberfläche muss dafür immer mit Öl luftdicht verschlossen sein.

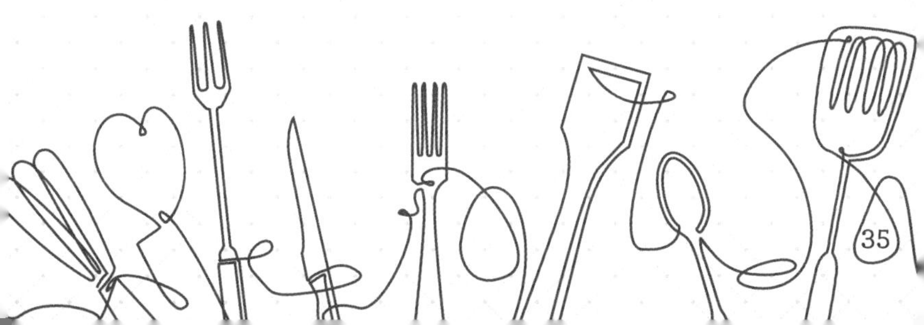

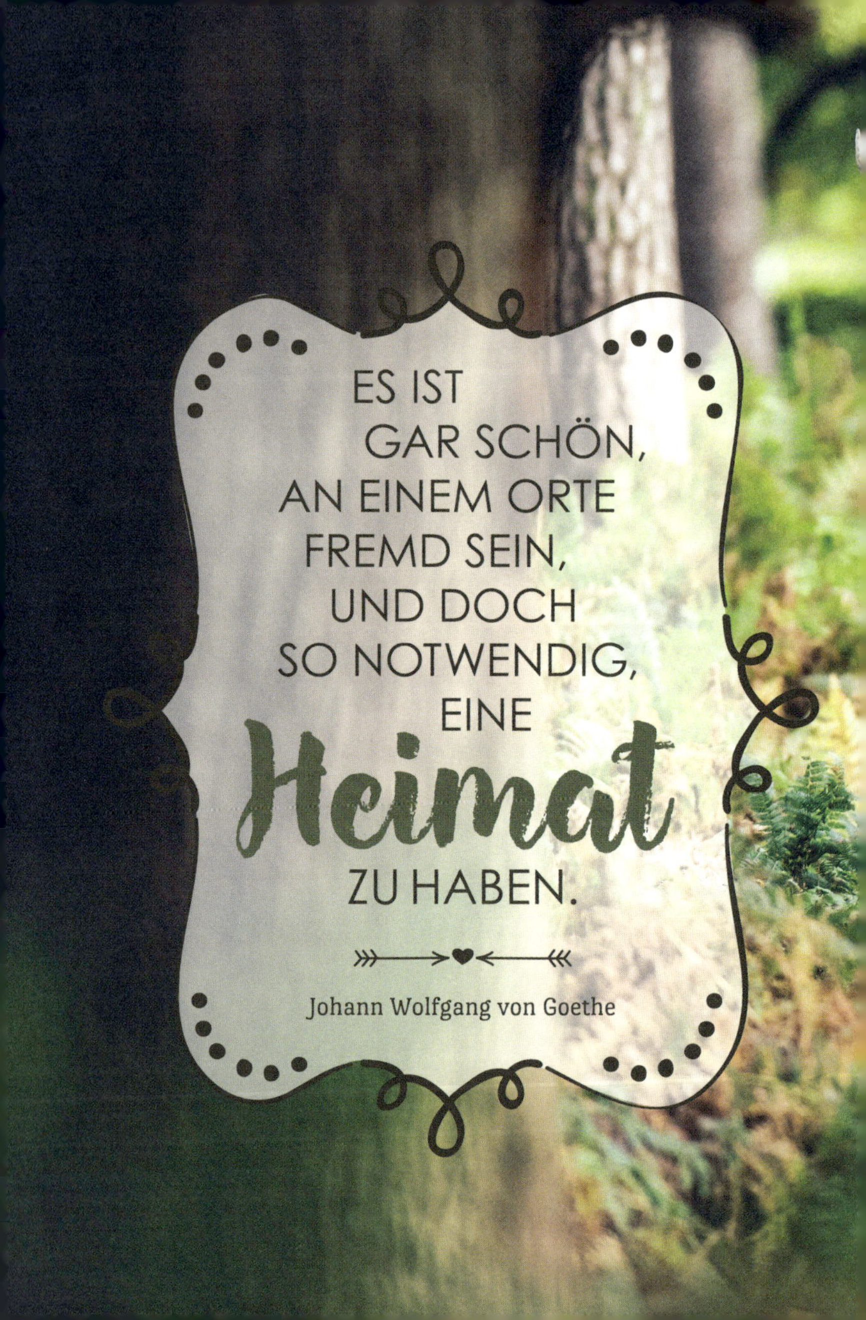
ES IST
GAR SCHÖN,
AN EINEM ORTE
FREMD SEIN,
UND DOCH
SO NOTWENDIG,
EINE
Heimat
ZU HABEN.
Johann Wolfgang von Goethe

Wildsträuße binden

Ob als schöner Hingucker auf dem Küchentisch oder als kleines Geschenk für eine liebe Freundin - der Anblick von Blumen macht einfach glücklich. Etwas ganz Besonderes sind selbst gebundene Sträuße. Dazu eignen sich natürlich Blumen aus dem eigenen Garten, aus dem Wald oder vom Wegesrand. Am besten sucht man dafür etwa fünfzehn Blumen und etwas Bindegrün aus. Die Blüten der Blumen sollten am besten noch etwas geschlossen sein, damit sie länger halten.

Wenn du alle Blümchen gesammelt hast, befreie ihre Stielenden mit einem Messer von Blattwerk und Dornen. Besonders der Teil der Blumen, der später im Wasser steht, sollte frei von Pflanzenresten sein. Lege dir ein schönes Band zur Hand, mit dem du deinen Strauß später zusammenhältst.

Jetzt kannst du auch schon mit dem Binden starten. Suche dir dafür eine schöne, möglichst große Blüte aus. Sie wird die Mitte deines Straußes bilden. Lege diese Blume in deine linke Hand zwischen Daumen und Zeigefinger. Mit deiner rechten Hand nimmst du nun immer abwechselnd eine neue Blume und etwas Blattwerk zur Auflockerung und legst sie schräg auf den Strauß. Alle Stiele müssen in dieselbe Richtung schräg gelegt werden, zum Beispiel von rechts nach links.

Achte darauf, dass die Mitte deines Straußes auch immer den höchsten Punkt darstellt. Ab und an solltest du deinen Strauß drehen, damit sich die große Blüte auch immer noch in der Mitte befindet. Wenn du mit dem Binden deines Straußes fertig bist, kannst du Blumen, die nicht am richtigen Platz sitzen, noch mit vorsichtigem Zupfen am Stiel zurechtrücken. Wenn der Strauß deinen Vorstellungen entspricht, kannst du ihn mit einem schönen Band zusammenbinden.

HIMMLISCHER

Käsekuchen mit Heidelbeeren

ZUTATEN:

250 g Mehl
225 g Zucker
2 Pck. Vanillezucker
etwas Salz
1 Messerspitze Backpulver
4 mittelgroße Eier
200 g Butter
250 g Heidelbeeren
750 g Magerquark
100 g Schlagsahne
Saft von einer halben Zitrone
1 Pck. Puddingpulver, Vanillegeschmack

SONSTIGES:

1 EL Puderzucker
Fett und Mehl
Frischhaltefolie
Springform, 26 cm Ø, 8 cm hoch

Backe den Kuchen im vorgeheizten Backofen bei 200 °C für etwa 50 Minuten. Wenn der Kuchen fertig ist, löse ihn mit einem Messer vorsichtig vom Rand und lass ihn abschließend in der Springform abkühlen.

Vermische für den Teig Mehl, 75 g Zucker, 1 Päckchen Vanillezucker, Salz und das Backpulver. Gib anschließend ein Ei und 150 g Butter hinzu und verarbeite alles mit dem Knethaken des Rührgeräts. Verknete danach alles mit deinen Händen zu einem glatten Teig. Rolle den Teig zwischen 2 Lagen Folie zu einem Kreis (etwa 32 cm Durchmesser). Im nächsten Schritt legst du den Teig vorsichtig in die gefettete, mit Mehl ausgestreute Springform. Drücke den Teig an den Springformrand und steche ihn mehrmals mit einer Gabel ein. Stelle den Boden für etwa 30 Minuten kalt. In der Zwischenzeit kannst du die Heidelbeeren waschen, putzen und trocknen lassen. Danach 50 g Butter,
1 Päckchen Vanillezucker und 150 g Zucker cremig rühren. Nach und nach drei Eier hinzugeben und anschließend Quark, Sahne, Zitronensaft und das Puddingpulver unterrühren. Hebe alle Heidelbeeren, bis auf zwei Esslöffel, unter die Quarkmasse und verteile sie anschließend auf dem Teigboden. Verteile die übrigen Heidelbeeren auf der Oberfläche.

MAGISCHE ORTE ...

Der Sternenpark Westhavelland

Es gibt Orte in Deutschland, die besonders magisch sind. Einer davon ist der Sternenpark im Naturpark Westhavelland in Brandenburg. Am Tag kann man hier durch kleine Dörfer schlendern und wilde Wiesen, Wälder und Seen erkunden. Wenn sich jedoch die Nacht über Brandenburg legt, kann man einen einzigartigen Sternenhimmel bestaunen. Weil diese Region Deutschlands nur spärlich besiedelt ist, gibt es nur eine geringe Lichtverschmutzung. Das Ergebnis ist ein klarer Blick auf Tausende Sterne, Sternennebel und unsere Milchstraße.

UND PLÖTZLICH FÜHLT MAN SICH GANZ KLEIN.
AUF DIE BESTE ART UND WEISE.

(*) seelisch & gefühlsmäßig
Nicht da ist man
DAHEIM,
wo man seinen
Wohnsitz hat,
sondern wo man
verstanden (*) wird.
CHRISTIAN MORGENSTERN

OSTFRIESISCHE

Gemütlichkeit

Ein wunderschönes Ritual kommt aus dem rauen Ostfriesland – das Elführtje.
Um elf Uhr am Vormittag trifft man sich hier mit Freunden oder Nachbarn, um eine Tasse Tee zu trinken und zu »Schnacken«. Nach altem Brauch genießt jeder drei Tassen Tee. Ganz wichtig – der Kandiszucker, im hohen Norden Kluntjes genannt, wird vor Eingießen des Tees in die Tasse gelegt. Das Teewasser lässt den Zucker dann schön knistern. Wer mag, gießt noch etwas Sahne in den Tee und beobachtet die Sahnewölkchen, die sich in der Tasse ausbreiten. Teetrinken auf Ostfriesisch ist also einem besonderes Erlebnis, bei dem einem auch im bittersten Nordseewind ganz warm ums Herz wird.

K

Selbst bemalte Tassen

Zu einer kleinen Teepause oder einem Kaffeekränzchen gehören natürlich schöne Tassen. Die lassen sich ganz einfach selbst bemalen. Das ist nicht nur eine tolle Geschenkidee, sondern auch eine schöne Idee, um ein paar alte Tassen aufzuhübschen.

DU BENÖTIGST:

Tasse/n aus hellem Porzellan oder ofenfestem Glas
Reinigungsmittel
Porzellanmalstift/e
Backofen

Reinige zunächst deine Tasse oder deinen Becher gründlich. Überlege dir ein Muster oder einen Schriftzug, mit dem du deine Tasse verschönern möchtest. Einzelne Buchstaben, ein Sternenmuster oder ein witziger Spruch in Handlettering eignen sich beispielsweise hervorragend. Falls du dich nicht allzu kreativ fühlst, findest du im Internet viele tolle Ideen. Die Trinkflächen solltest du allerdings aussparen und deine Tasse nur äußerlich bemalen. Du kannst deine Idee vorab auf Papier bringen und dir auch Schablonen aus Papier fertigen, bevor du dich an deine Tasse wagst. Falls etwas beim Bemalen der Tasse danebengeht, entferne den Fehler am besten schnell mit einem Wattestäbchen, da die Farbe schnell trocknet. Wenn du mehrere Farben benutzen möchtest, lass immer erst eine Farbe trocknen, bevor du mit der nächsten startest. Ist dein Werk vollbracht, stelle deine Tasse bei 160 °C für 25 Minuten in den vorgeheizten Backofen. Lass die Tasse anschließend im Backofen abkühlen. Nach dem Brennen ist sie spülmaschinenfest.

LUFTIGE Sahne-Windbeutel

FÜR DEN TEIG:

125 ml Wasser
25 g Butter
75 g Mehl
15 g Speisestärke
2 Eier
1 Messerspitze Backpulver

FÜR DIE FÜLLUNG:

2 Becher Schlagsahne
2 Pck. Sahnesteif
30 g Puderzucker
1 Pck. Vanillezucker

NACH BEDARF:

frische Beeren,
zum Beispiel Erdbeeren

Koche zunächst das Wasser mit der Butter in einem kleinen Topf auf. Nimm den Topf anschließend vom Herd. Vermische das Mehl mit der Speisestärke und gib alles zusammen gleichzeitig in die heiße Flüssigkeit. Rühre mit einem Kochlöffel kräftig, bis sich ein Teigkloß bildet und auf dem Boden ein weißer Belag zu sehen ist. Erhitze den Teig etwa eine Minute unter ständigem Rühren weiter. Gib den Teig in eine Schüssel und hebe anschließend die beiden Eier mit einem Rührgerät und Knethaken auf höchster Stufe unter den Teig. Erst wenn der Teig abgekühlt ist, kannst du das Backpulver unterrühren. Jetzt kannst du mit einem Spritzbeutel und einer Sterntülle ungefähr 14 Teighäufchen auf ein Backblech setzen. Backe sie im vorgeheizten Backofen bei 200 °C (Ober- und Unterhitze) für etwa 20 Minuten. Die Backofentür sollte während der Backzeit nicht geöffnet werden, da die Windbeutel sonst zusammenfallen! Schneide direkt nach dem Backen von jedem Windbeutel einen Deckel ab und lass alles erkalten. Schlage die Sahne mit Sahnesteif, Puderzucker und Vanillezucker auf und fülle damit die Windbeutel. Wenn du magst, kannst du dem Sahnegemisch auch frische Beeren hinzufügen.

DIE SCHÖNSTEN
GESCHICHTEN
BEGINNEN
zu Hause.

BÄUME SIND GEDICHTE,
DIE DIE ERDE AN DEN HIMMEL SCHREIBT.
Khalil Gibran

Unsere Wälder

Ein Drittel unseres Landes ist von Wäldern bedeckt. Weit kann man also nicht laufen, ohne sich irgendwann mitten in einer Ansammlung von Bäumen wiederzufinden. Vielleicht ist der Wald deshalb ein Sehnsuchtsort für uns. Doch noch im Mittelalter war das ganz und gar nicht der Fall. Dämonen und Fabelwesen wurden in den tiefen, dunklen Wäldern vermutet. Aus diesen Geschichten entstanden Sagen und Märchen. Und tatsächlich lauerten Räuber und wilde Tiere im Dickicht. Erst in der Romantik entstand die Vorstellung vom Wald als Seelenlandschaft. Maler und Dichter erschufen ein Bild vom Wald als heilen und träumerischen Ort. Bis heute lebt diese Vorstellung weiter und immer wieder zieht es uns zurück in die Wälder. Wie wäre es also mit einem kleinen Spaziergang durch den Wald, wo es zu jeder Jahreszeit etwas zu entdecken gibt?

WÜRZIGER Zwiebelkuchen

ZUTATEN:

200 ml Milch
1 EL Zucker
Salz und Pfeffer
½ Würfel (21 g) frische Hefe
400 g Mehl
5 EL Öl
400 g rote Zwiebeln
1 kg Zwiebeln
1 Bund Lauchzwiebeln
250 g geräucherter Speck
Fett
6 Eier
400 g Schmand
1 Bund Schnittlauch

Erwärme die Milch und einen Esslöffel Zucker, bis alles lauwarm ist. Brösele dann die Hefe hinein und lass sie sich auflösen. Mische anschließend das Mehl und einen Teelöffel Salz. Füge drei Esslöffel Öl und die Hefemilch hinzu. Verknete alles, bis es glatt ist, und lass es für 45 Minuten zugedeckt an einem warmen Ort gehen.
Schäle die Zwiebeln und schneide sie in Würfel. Putze die Lauchzwiebeln und schneide sie in Würfel. Schneide anschließend den Speck in Würfel. Erhitze 2 Esslöffel Öl in einer großen Pfanne und brate den Speck darin knusprig. Nimm den Speck aus der Pfanne und dünste die Zwiebelwürfel im Fett, bis sie glasig sind. Gib anschließend die Lauchzwiebeln hinzu und dünste sie kurz mit. Lass im Anschluss alles abkühlen.
Knete den Teig nochmals durch. Fette ein Backblech (ca. 32 x 39 cm) ein und rolle den Teig darauf aus. Drücke den Rand ca. 1 cm an. Verteile die Zwiebeln und etwa 2/3 des Specks auf dem Teig. Lass alles noch mal für 20 Minuten gehen.
Verquirle die Eier und den Schmand und würze alles mit Salz und Pfeffer. Verteile anschließend alles über den Zwiebeln. Jetzt kannst du den Zwiebelkuchen bei Umluft und 175 °C im heißen Ofen für 25–30 Minuten backen.

Wasche den Schnittlauch und schneide ihn in Ringe. Verteile den Schnittlauch und den restlichen Speck nach dem Backen auf dem Zwiebelkuchen. Warm serviert schmeckt er am besten!

ZU HAUSE
im Frühling

Man muss nicht weit reisen, um das Glück zu finden. Denn es wohnt ganz nah. Bei uns zu Hause. Das gilt im Sommer genauso wie im Winter. Jede Jahreszeit bietet viele schöne Ideen und Traditionen, die einfach glücklich machen.

Im Frühling beginnt die Welt von vorne. Krokusse graben sich aus der Erde, die ersten Sonnenstrahlen wärmen das Gesicht, die Vögel zwitschern und alles riecht nach Erde und Blüten. Der Frühling ist eine wunderschöne Jahreszeit. Hier sind ein paar Ideen für glückliche Frühlingstage ...

Pflücke einen Strauß Tulpen.

Gehe im Frühlingsregen spazieren.

Male Ostereier an und hänge sie an einen Baum oder ein paar Zweige.

Lade deine Freunde zu einem ausgiebigen Brunch ein.

Mach eine Fahrradtour.

ZU HAUSE
im Sommer

Der Sommer ist für viele Menschen die schönste Jahreszeit. Die langen Abende, das Zirpen der Grillen, der Geruch von Regen auf heißem Asphalt und die vielen Grillfeste mit Freunden machen die Sommermonate zu einer Zeit voller Lebensfreude. Hier sind ein paar Ideen für ausgelassene Sommertage daheim ...

Pflücke Beeren und koche Marmelade daraus.

Beobachte den Nachthimmel und zähle Sternschnuppen.

Röste Stockbrot über einem Lagerfeuer.

Spring mit Anlauf in einen See.

Besuche einen Jahrmarkt und kaufe dir eine Portion Zuckerwatte.

ZU HAUSE im Herbst

Oh, du goldene Herbstzeit! Im Herbst verabschiedet sich die Natur mit einem Feuerwerk der Farben. Die ganze Welt schimmert in Rot und Gold. Das Leben findet wieder mehr zu Hause statt, wo es warm und gemütlich ist. Vielleicht versüßen dir diese Ideen ja ein paar goldene Herbsttage.

Backe einen Apfelkuchen.

Lade deine Freunde auf eine warme Kürbissuppe ein.

Gehe mit einem Kind Laterne laufen.

Presse bunte Herbstblätter in deinem Lieblingsbuch.

Verbringe einen verregneten Tag in einem Buchladen.

ZU HAUSE im Winter

Unsere Winter können lang, grau und dunkel sein. Umso schöner ist es dann, es sich daheim gemütlich zu machen und die Ruhe der kalten Jahreszeit zu genießen. Vielleicht nimmst du die dunkle Jahreszeit als Anlass für mehr Achtsamkeit und Entschleunigung. Lass dich von diesen Ideen inspirieren ...

Bastle Schneeflocken aus Papier und hänge sie in deine Fenster.

Sieh dir ein Theaterstück an.

Dekoriere dein Zuhause mit funkelnden Lichterketten.

Gehe Schlittschuh laufen.

Lade deine Freunde zu einem Candle-Light-Dinner ein.

MAGISCHE ORTE ...
Die Vulkaneifel

In der Luft schwirren Libellen, im Schilf treibt ein Boot und der Himmel spiegelt sich im Wasser. Dieser ruhige und magische Ort liegt in der Vulkaneifel. Wo es heute aussieht, als wäre die Landschaft einer Postkarte entsprungen, brodelte und spuckte die Erde vor vielen, vielen Tausend Jahren Feuer. Ein Nachlass dieser feurigen Zeit sind die tiefblauen Maarseen, die auch Augen der Eifel genannt werden. Nicht in jedem der Maare ist das Schwimmen erlaubt. Doch hier und dort kannst du dich in einem der erloschenen Vulkane treiben lassen, zum Beispiel im Pulvermaar. Währenddessen brodelt unter dir noch immer eine kleine Flamme tief in der Erde, und das mitten in Deutschland.

DIE VULKANEIFEL IST EIN WAHRHAFT AUSSERGEWÖHNLICHER ORT.

FÜR EIN SCHIFF
OHNE
Hafen
IST KEIN WIND
DER RICHTIGE.
Seneca

Vielleicht bist du mit Karottenkuchen bei jeder Familienfeier aufgewachsen, vielleicht aber auch nicht. Dieser saftige Karottenkuchen ist mit seinem Frischkäse-Frosting ein besonderes Highlight und wird dich voll und ganz überzeugen, versprochen!

SÜSSER

Karottenkuchen mit Frosting

FÜR DEN TEIG:

200 g brauner Zucker
180 g Pflanzenöl
3 EL fetter Joghurt
3 Eier
1 TL Vanille-Extrakt oder das Mark einer Schote
2 TL Zimt
1/4 TL Muskatnuss
1/2 TL Salz
250 g Mehl
1 TL Backpulver (besser: Natron)
260 g geriebene Karotten
150 g Walnüsse

FÜR DIE CREME:

300 g Frischkäse
120 g zimmerwarme Butter
80 g Puderzucker
das Mark einer Vanilleschote
1/4 TL Salz

ZUM VERZIEREN:

kleine Marzipan-Möhren

Zucker, Öl, Joghurt, Eier, Vanille-Extrakt, Zimt, Muskat und Salz in eine Schüssel geben und verquirlen. Wenn eine gleichmäßige Masse entstanden ist, das Mehl und das Backpulver unterheben. Alles gut verrühren. Die Karotten schälen, fein raspeln und unter den Teig heben. Anschließend die Walnüsse grob hacken und zum Teig geben.

Eine Springform mit etwas Butter ausreiben und anschließend mit Zucker bestreuen, der später karamellisieren wird. Den Teig in die Form füllen. Den Kuchen im vorgeheizten Backofen bei 180 °C Umluft für etwa 35 Minuten backen. Währenddessen den Frischkäse und die Butter cremig aufschlagen. Den Puderzucker unterrühren. Wenn eine glatte Masse entstanden ist, das Vanillemark und etwas Salz dazugeben. Wenn der Kuchen fertig gebacken ist, aus dem Ofen nehmen und abkühlen lassen. Zu guter Letzt das Frosting in die Mitte des Kuchens geben und mit einem Spatel oder einem Löffel kreisförmig nach außen ziehen. Damit der Kuchen so schön aussieht wie bei Oma, ein paar Marzipan-Möhren und Nüsse auf das Frosting legen.

Seife selbst machen

Düfte können uns beruhigen oder aufheitern. So hebt der Geruch nach Orange die Stimmung und verhilft uns nachts sogar zu schönen Träumen. Selbst gemachte Seife ist eine besonders schöne Idee für dein Zuhause. Natürlich ist sie auch eine tolle Geschenkidee – zum Beispiel als kleine Aufmerksamkeit zum Einzug.

DU BENÖTIGST:

250 g Kernseife
1–2 EL Olivenöl
ätherisches Bio-Orangenöl (oder Zitronengras-Öl)
Seifenfarbe deiner Wahl

Rasple die Kernseife mit einer groben Küchenreibe in kleine Stücke und vermische sie mit etwa einem halben Glas warmem Wasser zu einer Masse. Die Seifenmasse sollte weder zu fest noch zu flüssig sein. Anschließend kannst du das Olivenöl und 10 bis 15 Tropfen des Orangenöls zur Seife hinzugeben. Vermenge abschließend alles noch einmal gut miteinander.
Fette eine Kastenform ein, gieße die Seifenmasse hinein und lass sie für mehrere Tage trocknen. Danach kannst du die Seife in Stücke schneiden. Alternativ kannst du Seife vor dem Trocknen auch ausrollen und in Formen ausstechen.

Am besten verwendest du die Seife nicht sofort, sondern erst nach ein bis zwei Wochen, da sie erst noch ein wenig reifen muss.

Wo befreundete Wege zusammen-laufen, da sieht eine Stunde lang die Welt wie
HEIMAT
aus.
Friedrich Smetana

MAGISCHE ORTE ...
die Feengrotten

Wenn du in eine Märchenwelt eintauchen möchtest, musst du nicht nach Disneyland fahren, sondern an den Rand des Thüringer Waldes. Dort findest du ein ganz besonderes Märchenschloss, das sich unter der Erde befindet. Durch Bergbauarbeiten im Thüringer Schiefergebirge entstand dieser einzigartige Ort vor Hunderten von Jahren. Die Höhlen der Saalfelder Feengrotten sind berühmt für ihre farbenprächtigen Tropfsteine. Der schönste Teil ist der Märchendom, ein riesiger unterirdischer Raum, der sich im Laufe der Jahrhunderte zu einer farbigen Tropfsteinhöhle verwandelt hat. Fast kann man die Feen und Fabelwesen in den Schatten der Höhlen flüstern hören.

EIN WUNDERSCHÖNER ORT ZUM ENTDECKEN UND TRÄUMEN.

Ein Land voller Märchen und Magie

Deutschland war und ist ein Land, das von Magie umgeben scheint. Das beweisen auch die zwei Zaubersprüche, die 1841 in der Bibliothek des Doms zu Merseburg gefunden wurden. Sie wurden in althochdeutscher Sprache von einem Mönch aufgeschrieben und stammen aus dem Mittelalter. Der erste Spruch soll als Lösezauber für die Fesseln eines Gefangenen dienen, der zweite als Heilungszauber für einen verrenkten Pferdefuß. Wer die Zaubersprüche selbst testen will, kann sich eine Kopie in der Vorhalle des Merseburger Doms anschauen.
Auch im Westen Deutschlands geht es mystisch zu ... Bis heute beschäftigt die Legende des Rheingolds die Menschen und zieht noch immer Goldsucher an den Rhein bei Worms. Bisher wurde der sagenumwobene Schatz der Nibelungen noch nicht entdeckt. Im Nibelungenlied heißt es, der Schatz sei bei einer Rheinbiegung, die von Schiffern gefürchtet ist, vom hinterhältigen Vasall Hagen von Tronje versenkt worden.

Der Sage nach ist der Schatz gewaltig. Auch wenn der Rhein wiederholt von Tauchern abgesucht wurde, stirbt die Hoffnung nicht, eines Tages den mysteriösen Schatz der Nibelungen zu finden.

Geborgenheit
ist freilich ein
stärkeres Wort für

GLÜCK.

JOHANN WOLFGANG VON GOETHE

DEUTSCHLAND
IST EIN LAND
MIT VIELEN

Traditionen.

Und einige dieser Traditionen sind fester Bestandteil unserer schönsten Erinnerungen und schweißen uns zusammen. Es gibt viele Bräuche, die im Laufe der Zeit etwas in Vergessenheit geraten sind. Zum Beispiel im Juni mit Freunden ein Johannisfeuer zu entzünden oder im Dezember am Barbaratag einen Obstzweig in eine Vase zu stellen, der dann zu Weihnachten erblühen wird. Vielleicht lässt du eine alte Tradition wiederaufleben, oder du überlegst dir mit deiner Familie und deinen Freunden eine neue Tradition, zum Beispiel am ersten Adventssonntag ein altes Plätzchenrezept deiner Großmutter zu backen oder am ersten Sommerwochenende zu einer Fahrradtour ins Grüne aufzubrechen. Diese gemeinsamen Erlebnisse werden sich schnell in wunderschöne Erinnerungen verwandeln.

WÄRMENDE Hokkaido-Kürbissuppe

ZUTATEN:

1 kg Hokkaidokürbis
1 Kartoffel
2 Zwiebeln
Pflanzenöl
1 EL Butter
2 EL Mehl
1 l Gemüsebrühe
200 g Sahne
Salz & Pfeffer

NACH BELIEBEN:

Crème fraîche, Kürbiskerne oder Garnelen

Den Kürbis mit einem Löffel ausschaben und klein schneiden. Anschließend die Kartoffel schälen und in Würfel schneiden. Die Zwiebeln würfeln und in der Butter glasig dünsten. Die Kürbis- und Kartoffelstücke zugeben und alles zusammen anbraten. Anschließend etwas Mehl darüberstäuben und kurz anschwitzen. Das Ganze mit einem Liter Gemüsebrühe und der Sahne aufkochen und bei schwacher Hitze gut 25 Minuten köcheln lassen. Im Anschluss alles pürieren, bis eine feine Masse entsteht. Mit Salz und Pfeffer abschmecken. In schöne Schälchen abfüllen und je nach Geschmack mit Crème fraîche, Kürbiskernen oder Garnelen verfeinern.

DER
Himmel
IST UNS ÜBERALL
GLEICH NAHE.
Friedrich Gottlieb Klopstock

Kaffeekränzchen

Richtig gemütlich wird es in deutschen Häusern, wenn ein Kaffeekränzchen ruft. Das hat eine lange Tradition. Schon die Gebrüder Grimm notierten das Wort »Kaffeeklatsch«, das nach dem freudigen Klappern von Kuchengabeln klingt, in ihren Zettelkästen.
Leider fehlt den meisten von uns heute die Zeit für ein kleines Kaffeekränzchen unter der Woche. Umso schöner ist es dann, dies am Sonntag nachzuholen. Am besten bei einem großen Stück Torte. Nachdem jahrelang Cappuccino, Latte macchiato und Cold Brew im Trend lagen, macht jetzt der gute alte Filterkaffee sein Comeback. Vielleicht liegt es daran, dass er einfach wunderbar schmeckt. Oder wir sehnen uns ein bisschen nach der Langsamkeit zurück, mit der wir ihn brühen. Während das heiße Wasser nämlich durch den Filter läuft, kann man wunderbar für ein paar Minuten die Augen schließen und den Duft des frischen Kaffeepulvers genießen.

Wenn man dabei tief einatmet, fühlt man sich ein bisschen zurückversetzt in Omas Küche, wo schon Kuchen und das schöne Sonntagsgeschirr auf dem Tisch warteten.

Endlich ist wieder Sommer.

Draußen zwitschern die Vögel um die Wette und auf dem Küchentisch warten frische Croissants und selbst gemachte Erdbeermarmelade. Das Leben kann so herrlich sein! Marmeladekochen ist eine schöne Tradition, die oft von Generation zu Generation weitergegeben wird. Hier findest du ein leckeres Rezept für Erdbeermarmelade mit weißer Schokolade. Perfekt für ein gemütliches Samstagsfrühstück!

KÖSTLICHE

Erdbeermarmelade mit weißer Schoki

ZUTATEN:

1 kg frische Erdbeeren
100 g weiße Schokolade
500 g Gelierzucker

Wasche und püriere die Erdbeeren und hacke die Schokolade in grobe Stücke. Fülle die Erdbeermasse und den Gelierzucker in einen großen Topf und bringe sie unter Rühren zum Kochen. Lass die Marmelade bei starker Hitze mindestens 3 Minuten sprudelnd kochen und rühre weiter um. Kurz vor Ende der Kochzeit kannst du die Schokolade unterrühren. Fülle die noch heiße Marmelade in schöne Gläser ab und verschließe sie gut. Drehe die Gläser zum Schluss für eine kurze Zeit um.

DAS Glück WOHNT ZU HAUSE

Heimat, das fühlt sich an wie die raue Oberfläche von Holz und klingt wie das Rauschen des Windes in den Bäumen. In Worten lässt sie sich nur schwer beschreiben. Und schon gar nicht in Ländergrenzen oder einer Postleitzahl definieren. Unsere Heimat prägt uns für den Rest unseres Lebens. Wie ein Magnet zieht sie uns immer wieder zu sich zurück.

Deutschland wurde bei einer Umfrage der BBC mehrfach zum beliebtesten Land der Welt gewählt. Wen das wohl am meisten überrascht hat? Die Deutschen selbst. Es zieht uns immerzu hinaus in die Welt, und dabei vergessen wir, wie schön unsere eigene Heimat ist.

Vielleicht schenkt dir dieses Buch ein bisschen Inspiration, deine Heimat ganz neu zu entdecken und schätzen zu lernen.

Wohin gehen wir?
Immer
nach Hause.
Novalis

In einigen Fällen war es nicht möglich, für den Abdruck der Texte die Rechteinhaber zu ermitteln. Honoraransprüche der Autoren, Verlage und ihrer Rechtsnachfolger bleiben gewahrt.

Cover: viki2win / Shutterstock.com
Fotografien: S. 2: Laura Battiato / Shutterstock.com, Nova Patch / Shutterstock.com, S. 4: ajlatan / Shutterstock.com, S. 6: inkje / photocase.de, S. 8: Galyna Andrushko / Shutterstock.com, S. 10: Miss X / photocase.de, S. 12: HBfotografie / photocase.de, S. 14-17: tomertu / Shutterstock.com, S. 18: funnyworld / photocase, S. 20: Ruth Black / Shutterstock.com, S. 24: viki2win / Shutterstock.com, S. 26: CheDima / Shutterstock.com, S. 28-29: Phimsri / Shutterstock.com, S. 32: AlexKaishauri / photocase, S. 36-37: Ysbrand Cosijn / Shutterstock.com, S. 38: VICUSCHKA / photocase.de, S. 40: Getty Images / Foodcollection, S. 42: Getty Images / Daniele Martire / EyeEm, S. 44: nailiaschwarz / photocase.de, S. 46: misterQM / photocase.de, S. 48: Kristin Funk, S. 50: Ross-Milano / Shutterstock.com, S. 52: manun / photocase.de, S. 54: Johannes Hulsch / EyeEm / Shutterstock.com, S. 56: Getty Images / Westend61, S. 58: PolaRocket / photocase.de, S. 61: FrancieT / photocase.de, S. 63: David Dieschburg / photocase.de, S. 64: m.wolf / photocase.de, S. 67: dugdax / Shutterstock.com, S. 68: ricok69 / photocase.de, S. 70: Getty Images / Joan Ransley, S. 72: krueger-jessica / photocase.de, S. 74-75: mRGB / Shutterstock.com, S. 77: U. Gernhoefer / photocase.de, S. 78: Getty Images / Daniel Klatzer / EyeEm, S. 81: Getty Images / Gregor Schuster, S. 83: una.knipsolina / photocase.de, S. 84: Getty Images / GGMVozd, S. 86/87: tobid / photocase.de, S. 88: christophe papke / photocase.de, S. 90: przemekklos / photocase.de, S. 92: Ervin-Edward / Shutterstock.com, S. 94-95: weise_maxim / photocase.de, Getty Images / Thinkstock: S. 30, 34. Hintergründe: mexrix / Shutterstock.com, sfam_photo / Shutterstock.com, Svetlana Prikhnenko / Shutterstock.com, Fine Art Studio / Shutterstock.com, Irtsya / Shutterstock.com, Abstractor / Shutterstock.com, DarkBird / Shutterstock.com, Africa Studio / Shutterstock.com, Svetlana Prikhnenko / Shutterstock.com, Ozz Design / Shutterstock.com, orangeberry / Shutterstock.com, All For You / Shutterstock.com; Vignetten: Kindlena / Shutterstock.com, Saibarakova Ilona / Shutterstock.com, Neti.OneLove / Shutterstock.com.

Covergestaltung: arsEdition GmbH
Gestaltung Innenteil: Nina Giglberger
Texte und Lektorat: Kristin Funk
ISBN 978-3-8458-2805-3
1. Auflage

www.arsedition.de

FSC®
www.fsc.org
MIX
Papier aus verantwortungsvollen Quellen
FSC® C002795